Le cheval de Léonard de Vinci

ÉPIGONES

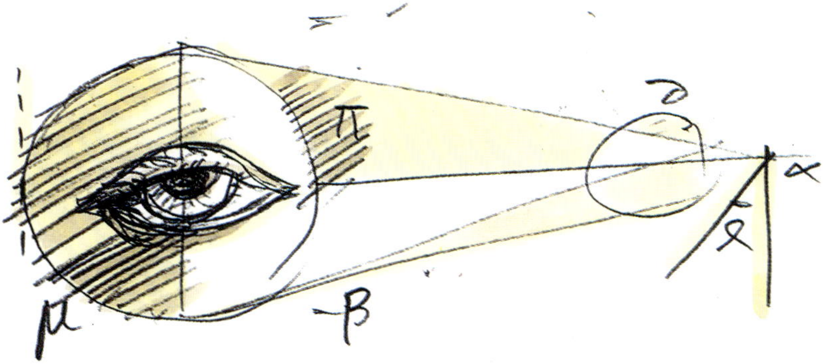

Vous voyez ce personnage…
C'est Léonard de Vinci, l'ami du roi François Ier ! Vous savez, le grand artiste qui a peint *La Joconde*…
le génie qui avait déjà tout inventé, depuis le sous-marin jusqu'à l'hélicoptère.
Vous le connaissez, bien sûr !
Mais qui se souvient de son cheval ?
Qui se souvient de Fino, comme le bon maître l'avait appelé ? Personne…

Fino était pourtant un cheval étonnant, peut-être aussi intelligent que le grand Léonard lui-même. Un cheval très bon, qui voulait le bien de la terre entière. Laissez-moi vous en dire deux mots...

Un jour qu'il promenait son maître sur les mauvaises routes d'Italie, Fino s'indigna de la vie bien triste de tous ses frères les chevaux. Les uns tiraient péniblement des charrues. D'autres étaient attelés pour faire avancer de lourds chariots.

Quant aux plus chanceux,
comme lui Fino, il fallait qu'ils supportent
sur leur dos le poids de leur cavalier.
Et tous les humains n'étaient pas
aussi légers que le bon Léonard !

« Cela ne peut plus durer ! se dit Fino.
Au diable, l'esclavage ! Il faut que
je trouve un moyen pour nous libérer
de tous ces vilains travaux.
Je ferai ainsi le bonheur
de tous mes frères à sabots. »
Et il se mit au travail. C'était, je vous
l'ai dit, un cheval très savant.

Durant des jours et des nuits,
il remplit des parchemins,
faisant cent dessins et mille croquis.
Lorsqu'il était en peine,
il allait consulter les gros livres
de la bibliothèque de son maître.

Après des heures et des heures de dur labeur… *Eurêka !* Il réalisa les plans d'une machine aussi étrange que merveilleuse, une machine capable de remplacer partout la force des chevaux.

Vous allez me dire que ce n'étaient que des plans… Une machine, il faut la construire. Justement ! Fino n'était pas du genre à s'arrêter en si bon chemin.

Il alla demander de l’aide à Bravo
et Bestio, les chevaux du forgeron.
Et, avec ses deux apprentis,
il commença la construction
de sa machine.

Le bon Léonard observait leur manège en souriant. Il faisait celui qui ne se rendait compte de rien, même lorsque Fino profitait de sa sieste pour lui emprunter quelque outil.

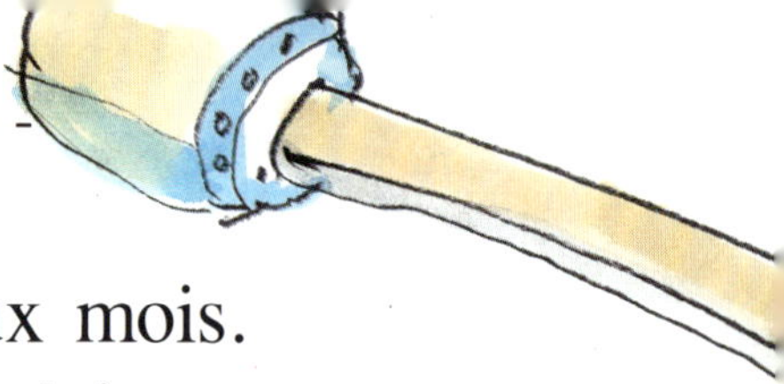

Le chantier dura deux mois.
Fino travaillait sans répit.
Il voulait avoir achevé son œuvre
pour le jour merveilleux des cadeaux,
le jour sacré de Noël.

Le 24 décembre au soir, le dernier coup de sabot fut donné. L'engin était prêt.

Fino tourna, avec ses dents,
une manivelle et la voiture à moteur
se mit en marche.

Je sais bien que vous n'allez pas me croire… C'est pourtant l'exacte vérité ! En ce 24 décembre de l'an 1498, un cheval à l'intelligence exceptionnelle venait d'inventer la voiture automobile.

De joie et de bonheur, Fino poussa des hennissements qui voulaient dire : « Finis les travaux forcés pour tous les chevaux de la terre ! »

Attiré par tant de vacarme, Léonard sortit de son atelier. Le vieux sage regarda son cheval dans les yeux et comprit aussitôt ce que Fino avait imaginé. Il devina tous ses espoirs et tous ses rêves secrets.

Hum ! Hum ! Il se gratta la tête, inspecta la machine, fit même un petit tour avec... Puis, après avoir félicité Fino pour sa géniale invention, il lui demanda de la détruire au plus vite. Fino en resta sans hennir...

« Tu as voulu, lui dit son bon maître, libérer tes frères des travaux pénibles que leur imposent les hommes…
Mais as-tu réfléchi à ce qui se passera ensuite ? As-tu pensé à ce que feront les humains lorsqu'ils n'auront plus besoin de chevaux ? »
Fino le regardait sans comprendre.

« Eh bien, lui dit Léonard, comme vous ne leur servirez plus à rien, les hommes inventeront les boucheries chevalines : pour pouvoir vous couper en morceaux et vous manger des oreilles aux sabots ! »
Et sur ces terribles paroles, il regagna son atelier.

Fino passa la nuit à s'interroger, en se tournant et se retournant sans cesse sur sa litière de paille. Devait-il ou non garder son invention ?

Au petit matin du jour de Noël, Fino s'installa au volant de sa machine et partit se promener, tel un prince en son carrosse.
Les paysans qui le virent passer n'en crurent pas leurs yeux.

Certains s'enfuirent même,
pensant à une apparition du diable.
Quant aux enfants, ils racontèrent
qu'ils avaient vu le Père Noël
qui revenait de sa tournée.

Mais, après s'être ainsi promené et bien amusé toute la journée, Fino prit la direction de la grande falaise. Et là, il précipita sans regret son invention dans le vide. Car Fino savait bien que son bon maître avait toujours raison.

Et c'est ainsi qu'il fallut attendre
plus de 400 ans avant que l'on invente
la voiture automobile…
et les boucheries chevalines.

 ISBN 2-7366-4526-X
Dépôt légal : septembre 1993, Bibliothèque nationale.
Imprimé en France par PARTENAIRES.